Wilhelm G.A. Diercks

# MENTALE VERSATZSTÜCKE

# oder

# DER KÖNIG VON ARGENTINIEN

Steigerung von Kunst

Kunst – Künstler – Ars-Futura.... **Zigeuner-Baron**

Ein Repräsentant besonderer Art.
Er repräsentiert die Lebenskunst.
Das Leben will nicht nur gelebt werden.
Leben ist mehr als nur Dasein.
Leben ist Werden. und Werden ist das Innerste der Kunst.

Werden = Schöpfen = machen,
künstlerisch tätig sein.
Neues – noch nie da gewesenes schaffen, erschaffen.

Sein Outfit kümmert ihn nicht. Er ist ein Frei-Geist. Will sein Ich schillern und schimmern lassen. Lassen Sie sich von ihm inspirieren. Er wird Ihnen neue Wege eröffnen.

**Handlung**

**in**

**mehreren Teilen**


**von Ius Julbern**

**Irreale**

**Versatzstücke**

**als**

**Multimomentaufnahme**

**irdischen**

**Seins**

Übersicht

Handlungsbeteiligte

Kurzablauf

Nähere Beschreibung der Handlungsbeteiligten

Einstimmungsteil

Handlungsteil 1 / Der Rubikon /

Handlungsteil 2 / Der Mythos /

Handlungsteil 3 / Das Schaf /

## Handlungsbeteiligte

Sinnbilder            Der König von Argentinien
                             Der Zeitgeist
                             Der Rubikon
                             Die Werke

Erscheinungen        Der Wahnsinn
                             Die Kräfte
                             Der Tod

Geschöpfe             Menschen      Name: Alle
                             Stimme          Name: Ohne

Mythen                 HA   - wie Hammer wie Herr
                             ZET - wie Zeit wie Zange

Gestalten              Das Geheimnis    Name: Kniff
                             Der Zufall          Name: Logos
                             Die Priester
                             Der in Lumpen
                             Der im Frack
                             Die Todesengel

Kurzablauf

Einstimmungsteil:   Zeitgeistdarstellung
                    Kräfte im Zuschauerraum

Handlungsteil 1:

Erste Szene:        Prolog
                    Rutschbahnen, Auftritt des Zufalls.
                    „ Ich bin das Paradoxon.....“
                    Knallgeräusche, Rubikon, Stimme
                    „ Meine Damen, meine Herren.....“
                    Zwei Menschen treten hervor
                    „ Ich - der Mensch“

Zweite Szene:       Erster Auftritt des Kniff.
                    „ An mir bleibt alles hängen.....“
                    Menschenmasse verlangt nach neuen Spielbällen.

                    „ Hier - der Menschen liebste Spielbälle.....“
                    Die „ Stimme“ warnt und ermahnt.
                    „ Zerpflückt sie, zernagt sie.....“
                    Die „ Stimme“ zerreißt das über den Rubikon
                    gespannte Seil.

Dritte Szene:       Erster Auftritt des Wahnsinns.
                    „ Unsere Seelen auseinander gerissen.....“
                    Erneuter Auftritt des Kniff.
                    „ Die Welt, der Himmel, die Hölle.....“
                    Erneuter Auftritt des Zufalls.
                    „ Und doch gibt es dich – das Wunder.....“
                    Wieder die „ Stimme“.
                    Warten auf Wachsen, warten auf Sonne.....“
                    Die Menschenmasse rebelliert.
                    „ Wir wollen Erkenntnis.....“

## Handlungsteil 2

**Erste Szene:** Wiederholung der Zeitgeistdarstellung.
Aus dem Hochhaus spricht ein Neongesicht
„ Ose Won wanina wanüba....."
Konfetti, Jubel, Pop-Musik
Werke der Technik fallen auf die Menschen herab.
Sprechgesang der Menschenmasse.
„ Ka-ka Ka-ka Kasimata....."
Erneuter Auftritt der Erscheinungen des Wahnsinns
mit Transparenten.
„ Das Weh ist die Ehre der Falle....."

**Zweite Szene:** Großer Auftritt des Mythos.
Dialog zwischen H und Z.

**Dritte Szene:** Der Zufall auf der Schaukel.
Die Uhr und die Leinwand.
Der Zufall trägt sein „Epos in Null" vor.
„ Sah einst mich in mir selbst allein....."

Handlungsteil 3

Erste Szene:   Schienenstrang mit Personenwagen. Bahnhof Tod.
Der Bahnhof kommt auf den Waggon zu.
Selbstmord von dem in Lumpen.

Zweite Szene:   Auftritt der Todesengel. Lebenskörper.

Dritte Szene:   Couplet von Zufall und Kniff.
Lebensrad, Krieg, Frieden.
Schlagzeilen, Ferngläser, Weltraum.
Das Lebensrad erhebt sich.

Beschreibungen

Zu den Sinnbildern

| | |
|---|---|
| Der König von Argentinien: | Überzeitliches Sinnbild. Tritt selbst nicht in Erscheinung. Der König von Argentinien geschieht und läßt geschehen gleichsam einer alles bestimmenden Handlungs-DNS, die Unangefochten die Szene beherrscht. |
| Der Zeitgeist: | Wird durch den Bühnenvorhang dargestellt - siehe Einstimmungsteil. |
| Die Werke: | Künste, Technik, Kultur, Wissenschaft. Kurzum - der Fortschritt der Menschheit. Die technischen Errungenschaften der Menschheit, hängen - gleich einem Damoklesschwert - vom Bühnenboden herab. Zentrales Symbol ist das Rad, als dessen Achse der Computer zu erkennen ist. Kunst und Kultur als Bühnenhintergrund, als Bühnenkulisse. Wechselnde Dias, Piktogramme, bewegte Skulpturen. |

Zu den Erscheinungen:

| | |
|---|---|
| Der Wahnsinn: | Wird symbolisiert durch Einzelne, die sich unter den Menschen befinden. Diese Einzelnen treten plötzlich aus der Masse heraus, werden nicht verstanden, werden verfolgt und verhöhnt. Tragen stets einen mittelalterlichen Pranger mit sich herum, an den sie sich selbst stellen. |
| Die Kräfte: | Paragraphen- und Kapriolenwesen. Platzanweiser, Ordnungshüter und Wärter. Angetan mit Phantasieuniformen. Sagen kein Wort. Stehen herum, laufen herum - auf der Bühne und im Zuschauerraum. Bewegen sich überwiegend völlig unmotiviert und zusammenhanglos, sozusagen abgekoppelt vom Handlungsgeschehen, führen ein Eigenleben. Lediglich in Schlüsselsituationen reagieren sie eindeutig, unmissverständlich und unwidersprochen. |
| Die Liebe: | Angelpunkt der Freude |
| Der Tod: | Zielgeber<br>Leidbringer und Leidnehmer |

<u>Zu den Geschöpfen:</u>

Die Menschen:  Zeitgenossen aus sämtlichen Epochen.
Gestalten, Schemen, Spieler
Begehrende und Aufbegehrende.
Alle.

Die Stimme:  Ein Stück fassbarer Unwirklichkeit im Medium Theater.
Initiator, Schiedsrichter, Beweger.
Nahthalter, Zufluchtspunkt.
Der Eine.

<u>Zu den Mythen:</u>

HA:  Steht für „Hammer" „für Herr"
Bedarf keiner weiteren Erläuterung.
Unüberhörbar vernehmbar.

ZET:  Steht für „ Zange" für Zeit"
Mit „ H" auf ewig verwoben.
Unausweichbar erlebbar.

Zu den Gestalten:

| | |
|---|---|
| Der Kniff: | Personifizierung von Geheimnissen, Rätseln, Bösartigkeiten, Erkenntnissen. Alters- und geschlechtslos. Stets auf der Suche nach Erfolgsrezepten.Versteht sich als eine Mixtur aus Nothelfer, Unschuldslamm und Sündenbock. Mit Problemen verschworen. Leidet an seinem Unleid. Ist sich stets der übernächste. Fühlt sich von sich selbst verfolgt. Ist voller Hochmut und Verzagtheit. Sieht im Wahnsinn die reingewaschene Vernunft - „ noch triefend in der Nässe ihres Seins" - so die Einschätzung des Kniff. Sieht sich selbst „ als Seele des Ganzen", als des „Schlamassels Vermasseler" |
| Der Zufall: | Tritt auf in den verschiedensten Gestalten und Gestaltungen, die nur sehr entfernt an menschliches Aussehen erinnern. Verkörperung unplanbaren Realität. |
| Die Priester: | Etwa 10 Priester und Mönche in den verschiedenen Gewändern der großen Weltreligionen und Ordensgemeinschaften. |
| Der in Lumpen: | Menschliche Gestalt |
| Der im Frack: | Menschliche Gestalt |
| Die Todesengel: | Etwa 10 Todesengel. Ohne Flügel und Firlefanz. Schwarz mit Gold gekleidet. |

Einstimmungsteil

Gleichzeitig mit dem Eintreffen der ersten Besucher im Theaterraum, mindestens aber 20 Minuten vor Beginn der Aufführung beginnt der Einstimmungsteil. Hierdurch soll bereits im Vorfeld der Aufführung ein absurdes Spektakel ablaufen. Ziel ist, das Publikum - entsprechend den Intentionen des Stückes - einzustimmen und einzubinden. Zum einen angeregt durch die visuelle Abstraktion „Zeitgeist" und zum anderen in Szene gesetzt durch den individuellen Rollenbezug" Historie".

Visuelle Abstraktion "Zeitgeist".

Der Bühnenvorhang - nicht kompakt aus einem Stück bestehend, sondern aus vielen einzelnen Streifen bestehend - weht in unregelmäßigen Abständen über die Bühne. Er berührt und bestreicht alles und jedes, was sich auf der Bühne befindet. Eine Vielzahl menschlicher Gestalten - nur in Umrissen erkennbar - wälzt sich über den Bühnenboden; bückend, liegend, gehend, kriechend. Im Theaterboden höhlenartige Öffnungen durch die die Gestalten aus- und eingehen. Zudem ertönt aus dem Hintergrund eine unverständliche Stimme - ansonsten auf- und abschwellendes Gemurmel.

Individueller Rollenbezug „Historie".

Im Foyer und Zuschauerraum befinden sich die Kräfte in Aktion. Dem Theaterpublikum werden seitens der Kräfte eigens für das Stück konzipierte Orden und Ehrenzeichen und/oder Schärpen angelegt. Außerdem phantasievolles Geleit zu den Plätzen. Die Eintrittskarten enthalten anstelle einer Reihen- und Platznummer eine Jahrhundert- bzw. Jahrzehntangabe, sowie den Namen einer historischen Persönlichkeit. Überdies ist die Entrittskarte als Ansteck-Clip gestaltet und muß gut sichtbar getragen werden. Die Bestuhlung ist entsprechend den Angaben auf den Eintrittskarten organisiert - die Stuhlreihen nach Jahrhunderten bzw. Jahrzehnten und die Einzelplätze nach Namen ( evtl. in alphabetischer Folge). Darüber hinaus ist eine eigenwillige Kostümierung seitens des Publikums erwünscht. Die Aufmachung kann dem Habitus der historischen Person lt. Eintrittskarte nachempfunden oder adäquat sein, muß es aber nicht. Somit soll der Raum der Zuschauer formal verwoben werden mit dem Geschehen auf der Bühne. Ein Fest der Sinne soll stattfinden.

Handlungsteil 1

Erste Szene

Vor dem eigentlichen Beginn des Stücks wird ein Prolog verlesen. Der Prolog erscheint zudem als Text projiziert auf dem Bühnenvorhang. Der Prolog stammt nicht vom Autor des Stücks, sondern vom jeweiligen Regisseur und soll den Tagesbezug herstellen, den Brückenschlag zum aktuellen Zeitgeschehen.

Die verschiedenen Teile des Bühnevorhangs verschwinden. Ebenso die nur in Umrissen erkennbar gewesenen Menschen. Von den im Bühnenboden vorhandenen Öffnungen werden die Menschengestalten quasi verschluckt.

Langsam senken sich rechts und links der Bühne Rutschbahnen, kirmesartig verziert mit entsprechender Jahrmarktsmusik. Alles ganz bedächtig, ganz langsam, nicht allzu hell, mehr ein Flimmerlicht. Dann eine Weile der Stille. Anschließend mit einem Feuerwerksauftriff von allen Rutschbahnen herunterkommend, die Gestalt des" Zufall" in verschiedenen Aufmachungen und Gestaltungen. die Gestaltungen des Zufalls stellen sich lautstark vor
( einzeln und im Chor gesprochen, mehr chaotisch als diszipliniert):

Die Zufallsgestalten: Der Zufall – hier!
Das sind wir!
Riefen uns selber herbei
in Euer Einerlei!
Doch wiederum sind wirs auch nicht
denn wir haben so gut wie kein.....
Gewicht
sind Arabeske
Zierde nur
Verfemte wie Ersehnte
aber immer doch.....
Spieler pur.

Einer der Zufallsgestalten tritt an den Bühnenrand, alle anderen um ihn herum.

Zufall: Ich bin das Paradoxon.
Weil ich bin, bin ich nicht.
Weil ich kann, darf ich nicht.
Weil ich will, hab ich schon.
Bin ich da, bin ich weg.
Bin ich Gold, bin ich Dreck
Bin ich Eins, bin ich Zwei.
Bin ich Ich, bin ich Drei
Bin ich Name, kenn ich mich nicht.
Bin ich verschwunden,

steh ich im Licht.


Kenne das Glück - tausendfach
Bin das Glück - doch ach
Bin immer auch zugleich das Pech
Gebe hin und nehme weg
Was ich bleibe auf jeden Fall –
Ein Fall für sich
Ein Fall für Dich
Und wie immer auch mein Zeug
Ein Fall für Euch.

Zwischendurch wird ein goldenes Kalb auf die Bühne gefahren.

Bin des Hades Kammer
Bin der Menschheit Jammer
Bin des Glückes Steg
Bin des Reimes Weg
Bin des Irrtums Glanz
Bin des goldenen Kalbes
Immerwährender Tanz

Bin der Grund von tausend Gründen
Bin Entsorger fast aller Sünden
Bin der Vergänglichkeit bleibende Pracht
Bin des Hoffens treibende Macht

Bin einer
und - bin keiner
Bin Ihrer, Seiner, deiner
Bin - oh ja
wirklich und wahrhaftig
wirklich und wahrhaftig
nur Euretwegen da

Die Gestalten des Zufalls tanzen um das Goldene Kalb herum. Danach verschwinden die Gestalten des Zufalls auf den sich wieder nach oben hinaufziehenden Rutschbahnen.

Harte Knallgeräusche sind zu hören. Es handelt sich um Eisenkugeln, die sich auf einem Drahtseil befinden, welches den Rubikon überspannt. Beiderseits des Rubikons Spieler und Spielerinnen ( Der Masse der Menschen zugehörig), die die Bälle hin und her jagen.

Auf dem Hochsitz, im oberen Drittel des Rubikon, die „Stimme" - in Umrissen als Figur erkennbar.

Eine Weile geschieht nichts weiter, als das Hin- und Herspielen der knallenden Bälle.

Stimme: Meine Damen, meine Herren.
Menschen, Geschöpfe, Kreaturen
Mitglieder, Teilhaber, Kompagnons
Ihr alle, alle hier,
Männer und Frauen.
Bürgerinnen, Bürger,
Wahlvolk und Zahlvolk
Konsumenten, Zweibeiner, Zeitgenossen.
Zuschauerinnen und Zuschauer
Höflinge des Heute.
Kinder des Zeitgeistes.
Ich beschwöre euch

Menschen: Beschwöre uns
betöre uns
erhöre uns

Stimme: Beschwöre euch zu Taten
Beschwöre Euch zum Tun

Menschen: Der Taten Sinn
er ist uns entglitten
Der Taten Sinn
ist von uns abgeschnitten
Der Fron des Rubikons –
wir wollen ihr entsagen
Die Fron des Rubikons –
wir wollen sie nicht –
nicht länger noch
ertragen
Wollen uns entwöhnen –
Vom WIR
Vom MIR
Vom DIR
Wollen uns gewöhnen –
an uns –
an uns –
an alle hier

Wo das Nichts?
Das Nullum?
Das uns so jagte!
Uns so plagte.

Stimme: Zur Nichtswürdigkeit
Unwürdigkeit
Letztwürdigkeit     (laut)

Menschen:    Zur Nichtswürdigkeit
             Unwürdigkeit
             Letztwürdigkeit          (laut)

Zwei Menschen treten aus der Masse der Menschen hervor. Es bildet sich eine Gasse.
Ein Mensch halbnackt, in Lumpen – der andere herausgeputzt mit Frack und Zylinder.

Der in Lumpen:  Ich - der Mensch
                ein Lebenstier
                was soll –
                was will –
                was muß –
                und wessen –
                so frag ich
                bin ich hier

Der im Frack:   Ich – der Mensch
                des Schicksals Komplott
                des Schicksals Laune
                ein Teufel
                ein Gott
                staune Welt
                staune

Beide:          Ich - der Mensch
                halb Sache
                halb Ding
                der in der Eiswüste des Wahns
                Feuer fing

                Ich – der Mensch
                Kind des Raumes
                Bürge der Zeit
                Eine riesengroße
                Kleinigkeit

Ende Handlungsteil1, erste Szene

## Handlungsteil 1

### Zweite Szene

Der Kniff klettert halb den Hochsitz hoch und bewirft die Menschenmasse mit Konfetti. Die Menschen greifen nach dem Konfetti. Bemühen sich, daraus Spielbälle zu formen, was ihnen jedoch nur sehr unvollkommen gelingt.

Kniff:
An mir bleibt alles hängen
ich bade alles aus
aber ich habs auf mich genommen
und –
wurde Herr im Haus
( Hohngelächter von allen Seiten)

Mein Wahlspruch:
„Was anderen die Zukunft –
sind mir die Erfolgserlebnisse."
Was ich bin:
voller Lust und voller Laune –
des Aberglaubens
ewiges Geraune

Bin Herr im Haus
um das herum
ein Eismeer tobt
in dem ein toter Gott
seine Schöpfung lobt

Ihr wisset nicht, wovon ich spreche?
Mein Wort gilt der zeche
die ihr tagtäglich zahlt.
Mein Wort gilt der Mühe
die eure Gefühle zermahlt.

Des Geistes Verwunderung
ihr habt sie vertrieben
Und eure Gefühle –
sind unterdes
auf der Strecke geblieben

So muß denn mit Monstren
ich mich plagen
Menschen gibt`s nicht mehr
hab sie gesucht – redlich gesucht
seit vielen, vielen Tagen

Menschen: Wir wollen Bälle, neue Bälle
sofort, für alle Fälle
wollen spielen
wollen Tore erzielen
wollen schmettern
wollen Grashalme erklettern
Haben jetzt genug gemusst
wollen endlich mal Lust
endlich mal Lust
endlich mal Lust

Kniff: Hier – der Menschen liebste Spielbälle
Ich mache sie, ich habe sie.

Kniff jongliert mit leuchtenden Bällen, lacht und tanzt dabei.

Kniff: Hier - nehmt sie. Ehrt sie und verwahrt sie.
Verehrt sie und bewahrt sie.

Kniff wirft die Bälle unter Hohngelächter unter die Menschenmasse.

Kniff: Hier – die Profilierungssucht –
damit euer Ego den Kriechgang überwinde.
Hier – die Titelsucht –
damit euer Geist seine Wichtigkeit empfinde.
Hier - die Problemsucht –
damit sich der Mensch vom Tier unterscheide.
Hier – die Gewinnsucht –
damit der Mensch dem Menschen neide
Und hier – prächtig wie eh und je –
DER Spielball mit Pfiff und mit dreh
auf daß euch wieder einmal Hören und Sehen vergeh
ein Spielball –
fürs Spiel in dunkelster Seelenschlucht
euer liebster Spielball –
die Eigensucht.

Und nun - Stimme – stimme ein, stimme an
pfeif an, das neue, alte Spiel
will sehen ob
und will sehen wieviel
wieder einmal bei der Sache
nun denn – Stimme
stimm an und wache.

Der Kniff verlässt den Hochsitz und verschwindet im Bühnenhintergrund im Bereich der Kultur.

Stimme:     Zerpflückt sie. Zernagt sie, zersägt sie.
　　　　　　Und komme mir keiner mit großen Reden
　　　　　　und dem Gejammere vom Klotz am Bbein
　　　　　　ich kenne dich
　　　　　　ich weiß von dir
　　　　　　ich weiß von ihr
　　　　　　ich kenne jeden

　　　　　　Doch so es euch denn frommt
　　　　　　schüttet weiter
　　　　　　Essig in Wein
　　　　　　Doch saget nicht
　　　　　　glaubet nicht
　　　　　　und denket nicht
　　　　　　ein solcherart Getränk
　　　　　　könnte euch zum Wohle sein.

　　　　　　Und saget nicht
　　　　　　glaubet nicht
　　　　　　und denket nicht
　　　　　　ein solcherart Getränk
　　　　　　könnte meines Tuns
　　　　　　allergnädigste Richtschnur sein.

　　　　　　Zerpflückt sie, zernagt sie, zersägt sie,
　　　　　　diese Bälle
　　　　　　sofort –
　　　　　　oder eure Fälle
　　　　　　befinden sich bald schon –
　　　　　　dooooort

Bei dem Wort „dort" reißt das über den Rubikon gespannte Seil und die darauf befindlichen Bälle fallen in den Rubikon. Es zischt, blubbert und dröhnt, begleitet von kleinen Feuerfontänen, die aus dem Rubikon emporstiegen.

Die Menschenmasse erstarrt. Lediglich die Kräfte kommen langsam in Bewegung. Anfangs noch unentschlossen und zögernd, sammeln sie die vom Kniff zugeworfenen Bälle auf, spannen ein neues Seil über den Rubikon und ziehen die Bälle auf das Seil.

Und wieder knallen die Bälle wild und ungestüm über das Seil, jetzt in leuchtenden Neonfarben, laut bejubelt von den Menschen. Doch breitet sich Erschöpfung aus. Die Bühne wird langsam abgedunkelt.

Ende Handlungsteil 1, zweite Szene.

Handlungsteil 1

Dritte Szene

Die Erscheinungen des Wahnsinns treten auf: Einzelne beginnen zu tanzen – ungestüm und wild – keine Musik, nur dumpfe, weit entfernte Trommelwirbel sind vernehmbar. Der Tanz wird mehrfach jäh unterbrochen. In den Tanzpausen stellen die Erscheinungen des Wahnsinns ihr Innerstes zur Schau – Innenschau des Wahns geheißen. (Ein entsprechender Texthinweis erscheint als herumgeisternde Dia-Projektion in der Kulisse). Diese „Innenschau des Wahns" wird abwechselnd von Einzelnen sowie der Gesamtheit der Erscheinungen des Wahnsinns in Form eines monotonen Singsangs vorgetragen. Bei den Anfangsversen "Wir kommen hervor....." bewegen sich die Erscheinungen des Wahnsinns in geschlossener Formation, lindwurmartig über die Bühne.) EdW = Erscheinungen des Wahnsinns)

| | |
|---|---|
| Sämtliche EdW: | Wir kommen hervor<br>hervor und zurück<br>wir kommen hervor<br>Abfall des Glücks<br>hervor – zurück<br>Abfall des Glücks<br>hervor – zurück |
| Eine EdW: | unsere Seelen –<br>auseinander gerissen |
| Andere EdW: | Hinweggefegt<br>uns´re Gewissen |
| Sämtliche EdW: | unsere Seelen - |
| eine EdW: | Gevierteilt und aufgetrennt |
| Sämtliche EdW: | Kalt ist`s in uns |
| Eine EdW: | Auch wenn die Erde brennt |
| Sämtliche EdW: | Unsere Seelen – |
| Eine EdW: | An Himmel und Hölle verteilt |
| Andere EdW: | Unsere Seelen – |
| Eine EdW: | In Himmel und Hölle zerteilt |
| Sämtliche EdW: | Unsere Seelen – |
| Eine EdW: | Verweht – enteilt |

| | |
|---|---|
| Andere EdW: | Zerstoben |
| | und verwoben |
| | mit der Willkür Toben |
| Eine EdW: | Und irgentwann |
| | Irgentwo – im Nirgendwo |
| | werden die Seelen-Eintreiber |
| Sämtliche EdW: | Wir ahnen es |
| | ohne es zu wissen |
| | unsere Seelen als Fahne hissen |
| Eine EdW: | Ich möchte weinen |
| | doch immer muß ich Blumen essen |
| | die hohen Töne des Lichts |
| | sind der Trost für mein Glück |
| | meine Gedanken sind Motten in der Finsternis |
| Sämtliche EdW: | Motten in der Finsternis |
| | Rotten in der Finsternis |
| | Kommen hervor |
| | Kommen zurück |
| | Müllberg des Lebens |
| | Abfall de Glücks |

Es folgt ein Schlusstanz - doch jetzt langsam und schleppend. Die Erscheinungen des Wahnsinns verlieren sich wieder in der Masse der Menschen. Die Menschenmasse selbst, weist während der Innenschau des Wahnsinns, hämisch und mit Hohngelächter auf die Erscheinungen des Wahnsinns. Und wieder erscheint der Kniff. Er geht zum Bühnenrand.

| | |
|---|---|
| Kniff: | Die Welt, der Himmel, die Hölle, die Seelen, |
| | Ha – |
| | Ja – esset die Blumen |
| | freuet euch eures Glücks |
| | denn eine andre Größe |
| | als die des Wahns |
| | ihr habt sie nie gefunden |
| | ihr habt sie nie empfunden |
| | wo denn auch |
| | wie denn auch |
| | was denn auch |
| | Die Welt, der Himmel, die Hölle, die Seelen |
| | Ha - |
| Menschen: | Ha – |
| Stimme: | Die Welt – von Priestern regiert |
| | Die Welt – von Intelligenzlern negiert |
| | Die Welt – von Huren bewacht |
| Kniff: | Doch der- der sie gemacht |

>                       hat sich nichts dabei gedacht

Eine Gasse tut sich inmitten der Menschenmasse links und rechts des Rubikons auf. Erneut betritt der Zufall die Szene.

Zufall:             Und doch gibt es dich.
                    Oh Wunder –

Menschen:           Oh Wunder –

Zufall:             Das Wunder.
                    Im Anfang wunderte ich mich darüber, daß ich schon da war. Wiewohl
                    ich mich auch gewundert hätte, wäre ich noch nicht da gewesen. Gleich-
                    wohl schien es mir, von anderer Hand gemacht worden zu sein, denn ich
                    war mir so fremd und konnte mich auch nicht erinnern. mich selbst er-
                    schaffen zu haben.
                    Also ergriff ich von mir Besitz.
                    Also bin ich.
                    Kind des Logos –
                    Einziger und ewiger Ableger des Universums.
                    Des Wunders Mehrer
                    Des Gefühls Förderer.

Mit einem Paukenschlag verschwindet der Zufall und die Erscheinungen des Wahnsinns treten wieder auf. In ihren Händen Fahnen und Standarten mit Phantasie-Symbolen. Auf einigen Fahnen und Standarten die Abbildung des Kniff. Kraftvoll und durchdringend ertönt die „Stimme".

Stimme:             Warten auf Wachsen
                    Warten auf Sonne
                    Warten auf Tiefe
                    Ob Mensch. ob Tier, ob Beet

                    Geboren zu träumen
                    Geboren zu wähnen
                    Geboren in Feindseligkeit
                    ob nah, ob da, ob weit

                    Gedachtes erleben
                    Gedachtes verlieren
                    Gedachtes gestillt an des Lichtes Brust
                    Dir Erde, Dir Himmel, Dir Weh und Dir Lust

                    Es kann sein – was nicht will
                    Es ist da – was nie gewollt
                    Sei still -
                    auch wenn der Donner grollt.

Die Menschenmasse ist unterdes unruhig geworden. Die Äußerungen der Stimme stoßen auf Unwillen. Fäuste regen sich nach oben. Einzelne Erscheinungen des Wahnsinns werden durch Feuertore gejagt, die sich plötzlich in der Kulisse auftun.

| | |
|---|---|
| Menschen: | Wir wollen Erkenntnis |
| | und keine lauwarme Brühe aus dem Hinterkopf |
| | Wir wollen Erkenntnis |
| | und keinen Dämmerschlaf am Zuckertropf |
| | Wir wollen Erkenntnis |
| | und keine Gespinste aus Hirn |
| | Wir wollen Seile |
| | und keinen Zwirn |
| | Es quäle – |
| | sonders und samt |
| | seinen Unverstand |
| | wer da will |
| | drehe dich schneller Erde |
| | oder stehe still |

Während dieses Aufbegehrens der Menschenmasse sind einzelne Menschen halb den Hochsitz hochgeklettert. sie verlassen ihn, als sie die nunmehr donnernde Lautstärke der "Stimme" vernehmen.

| | |
|---|---|
| Stimme: | Erde erwache! |
| Menschen: | Oder stehe still! |
| timme: | Erde erwache! |
| Menschen: | Oder stehe still! |

Ende von Handlungsteil 1

Handlungsteil 2

Erste Szene

Für 5 Minuten Wiederholung der Zeitgeistdarstellung des Einstimmungsteiles. Gleichzeitig senken sich die über der Bühne hängenden Werke der Technik naher zur Bühne herab. Die Werke der Technik jetzt in rotes Licht getaucht. Der Rubikon jetzt braun und die Menschenmasse in bunten Farben. Die Werke der Kultur nicht mehr nur als Projektionen am Bühnenhintergrund – jetzt dreidimensional als Skulpturen in weiß und gold überall auf der Bühne wahllos herumstehend. Wo der Hochsitz des Schiedsrichters stand, befindet sich nunmehr ein Hochhaus. Der Hochsitz selbst wird in Miniaturausgabe als Heilsbringer und Schmuck getragen. Halskette, Button, Kopfschmuck etc.

Ein Fenster des Hochhauses öffnet sich. Ein Gesicht wird sichtbar – aus Neonröhren erstellt. Der Mund bewegt sich, die Augen gehen nach allen Seiten. Völlig unverständliche Worte ertönen.

Neon Gesicht:  Osi-Won wanoni
Osi- won wanüni
Samatia pusipon
Kalafatio grafitonia
Scheckla-pong, passa perte
Stella mena Scharatana
regikoni musitani
lentipo lentopa lentiposa
sonitara sonitura sonitasta
kerschopl moschli maschiploblik
Osi-gokki wanoni
Osi-gokki wanüni
loschi pristi
loschi confetti

Bei dem Wort Konfetti ertönt lauter Jubel. Aus dem Fenster des Hochhauses wird viel buntes Konfetti geworfen. Übermütig bewerfen sich auch die Menschen mit dem aufgefangenen Konfetti. Dazu ertönt aus den aktuellen Top-Ten zusammen geschnittene Pop-Musik. Es bilden sich verschiedene Gruppen, die absurd erscheinende Transparente tragen. Auf den Transparenten lediglich eine wahllose Anzahl von Buchstaben in verschiedensten Größen und Schriftarten. Es bildet sich eine Art Wettbewerb heraus, mit den Transparenten nach den Werken der Technik zu werfen. Nach und nach fallen auf diese Art und Weise die Werke der Technik auf die Menschen herab (aus Styropor). Die von den herunterfallenden Werken der Technik getroffenen Menschen werden sofort von den Kräften beiseite geschafft und in den Rubikon geworfen. Hierbei ertönt seitens der Kräfte folgender Sprech-Gesang:

Alle:  Ka-Ka Ka-Ka Kasimata
Ka-Ka Ka-Ka Lamirata
Ka-Ka Ka-Ka Lusiting
Ka-Ka Ka-Ka Schlusifong

Semirama - plucki-pling
Femiflama - trucki tring
Isi-fan-notti
Pisi-Fan-schlotti

Nach einer Zeit von etwa 10 Minuten treten erneut die Erscheinungen des Wahnsinns auf – jetzt angetan mit goldglänzender Folie – und füllen zwei übergroße Gummi-Buchstaben " H" und "Z" mit Luft. diese steigen sodann langsam nach oben. Die Füllung Selbst geschieht mit Schläuchen, mit Pumpen, mit Eimern, mit Tüten, mit Flaschen und mit dem Mund. Parallel hierzu treten einzelne Erscheinungen des Wahnsinns an den Bühnenrand und entrollen Transparente mit den nachstehenden Texten. Die Texte selbst werden inbrünstig – mit flüsternd, bebender Stimme – vorgetragen.

Texte:   Das Weh ist die Ehre der Falle

Die Bombe ist der Odem des Hades

Das Gold ist der Feind des Befehls

Die Fahne ist das Auge Allahs

Die Asche ist die Achse des Tao

Der Wille ist der Lenker der Angst

Das Eis ist das Amen der Liebe

Die Lüge ist das Omen des Neides

Der Wahn ist das Los der Seele

Das Geld ist das Ave der Bank

Die Ananas ist der Apfel der Hölle

Der Hase ist das Fallobst des Feldes

Einzelne Gestalten aus der Masse Menschen nehmen einige der Transparente an sich, zerreißen diese und setzen die Aussagen neu zusammen, so daß völlig neue Texte entstehen – z.B. Der Hase ist der Apfel der Liebe etc. Nach und nach verschwinden die Erscheinungen des Wahnsinns in der Masse der Menschen.

Ende Handlungsteil 2, erste Szene

Handlungsteil 2

Zweite Szene

Drohendes Grollen ertönt. die „Stimme" meldet sich wieder zu Wort, bleibt aber unsichtbar.

Stimme: Und jetzt hört!
Weder denkt, noch glaubt, noch schwört!
Hört!
Hört HA!
HA..... wie Hammer..... wie Herr!
HA..... wie Hammer..... wie Er!
Hört!
Hört ZET!
ZET..... wie Zange..... wie Zeit!
ZET..... wie Zange..... wie Kleid!

Durch Laser-Projektion wird auf den Buchstaben „HA" ein Hammer sichtbar ( Zimmermannshammer) und auf den Buchstaben „ZET" eine Zange ( Kneifzange). Bei dem nachfolgenden Dialog zwischen Hammer und Zange bewegen sich Teile von Hammer und Zange analog zum gesprochenen Text.

Stimme: Hört..... HA..... wie Herr.....
Alle: Wie Hammer..... wie Er.....

HA: Über allen Möglichkeiten ruht der Zweifel
Über allen Zweifeln ruhe ich
und über mir – da ruhen meine Gedanken

Stimme: Hört ZET..... wie Zeit.....
Alle: Wie Zange..... wie Kleid.....

ZET: Die Möglichkeiten  -  sie erschlagen mich
Die Zweifel           -  sie verfolgen mich
Die Gedanken       -  sie fesseln mich

Stimme: Hört HA...... wie Herr.....
Alle: Wie Hammer..... wie Er.....

HA: Was   - redest du
Wie    - redest du
wie, was  - wovon
halte Einkehr
halt inne

|          |                                          |
|----------|------------------------------------------|
|          | zähle – werde mehr!                      |
| Stimme:  | Hört ZET..... wie Zeit.....              |
| Alle:    | Wie Zange..... wie Kleid.....            |
| ZET:     | Einkehr?..... worin?..... Wohin....?     |

ZET:
Einkehr?..... worin?..... Wohin....?
Ich mehr?
Mehr als Erdenschwer?
Soll ich.....
in`s Gefängnis meiner Seele gehend.....
in die Enge meines Geistes sehend.....
in die Endlichkeit meines Seins mich begebend.....
denken ich sei lebend?

Soll ich.....
mich selbst betörend.....
mich selbst beschwörend.....
mich glaubend machen
ich hätte auch nur ein Fitzelchen mehr
als mich totzulachen?

Stimme: Hört HA..... wie Herr.....
Alle: Wie Hammer..... wie Er.....

HA:
Halte Einkehr –
in das was dir gegeben
zum Leben
in deine Zweifel
in deine Gedanken
in deine Träume
die kraftvoll in die Himmel ranken
fasse – ziehe - eile
öffne – trenne – teile
halt` Einkehr
entflieh der Verblendung
und erkennen wirst du
Sendung und Wendung

Stimme: Hört ZEZ..... wie Zeit.....
Alle: Wie Zange..... wie Kleid

ZET:
Ja –
ich halte Einkehr
fasse, ziehe, eile mich
halte Einkehr –
öffne, trenne, teile mich
halte Einkehr
und –
verliere mich
der Zange Sein
Abbild nur des Hammers Schein

| | |
|---|---|
| Stimme: | Hört HA..... wie Hammer..... |
| Alle: | Wie Herr..... wie Er..... |

Ha:
Ja-
halte Einkehr
sei Zange, sei Zeit
sei Wange, sei Kleid
verkenne nicht des Hammers Sein
verkenne nicht der Traube Wein

| | |
|---|---|
| Stimme: | Hört ZET..... wie Zange..... |
| Alle: | Wie Zeit..... wie Kleid..... |

ZET:
Du vergaßest zu sagen – sei klein, sei nichtig
du vergaßest zu sagen – nimm dich nicht wichtig
oh-ja, oh-ja, oh-ja noch eins
sag, zeig mir endlich doch
was meins
wo denn
böte Platz sich hier
wie denn
 käme ich zu mir
wo..... ruhe ich
wo ..... zähle ich
wie..... und wann.....
eher noch nie
als nur ab....
und an

| | |
|---|---|
| Stimme: | Hört HA..... wie Herr..... |
| Alle: | Wie Hammer..... wie Er..... |

HA:
Du ruhst in mir – jederzeit
Du bist mit mir – weit und breit!
Du bist bei mir – immerzu!
Doch mehr –
ginge nicht an
würde nicht Teil
mit Deinem Du
und stets, immer, sei dir klar
es ist nicht Leere
wenn du dich öffnest ganz und gar
denn auch noch tief herinnen
wo es dunkel in dir und stumm
bist du um mich herum
Und wo der Zange Kraft versagt
sei`s in Bann oder Acht
oder sonst wie dem Himmel geklagt
da hilft des Hammers macht

                und wo des Hammers Macht zu ungelenk
                da hilft die Zange
                dessen sei eingedenk

Stimme:         Hört ZET..... wie Zange.....
Alle:            Wie Zeit..... wie Kleid.....

ZET:           Der schönen Worte bin ich längst schon überdrüssig
                Zange von deinen Gnaden
                Zeit aus deiner Hand
                bin nur ein Sklave aus Sand
                bin nur ein Knecht
                bin ohne Recht
                bin weniger noch als eine Traube
                bin immerdar nur dir zum Raube
                Hammer – der du bist
                schlag zu
                und gebe endlich mir
                deine.....
                mir vorenthaltene Ruh`

Stimme:         Hört HA..... wie Hammer.....
Alle:            Wie Herr.... wie Er

HA:            Oh – Zeitenkind
                wie töricht
                deine Worte sind
                oh - Zeitenkind
                was denn – soll ich dir noch geben
                zum Leben
                hast dir ja selbst schon
                ein wahres Hammerwerk gebaut
                also auf denn –
                und in die Schrecknis
                deiner selbst erschaffenen Zukunft geschaut
                mit keiner Ruh
                deck ich solches zu

Stimme:         Hört ZET..... wie Zeit.....
Alle:            Wie Zange..... wie Kleid.....

ZET:           Ein Herr –
                mit Millimetern verschworen
                in Millimetern verloren –
                wo ist er?
                Ein Herr –
                den Äonen verschworen
                in Äonen verloren –
                wo ist er?
                Eine Zange sollte des Hammers nicht bedürfen

|            | sondern einer anderen Zange Bedürfnis sein |
|---|---|
|            | eine Zeit sollte des Herrn nicht bedürfen |
|            | sondern einer anderen zeit Bedürfnis sein |
|            | so läg´s wohl an der Zeit |
|            | sich selbst umgreifend |
|            | zu wagen |
|            | dem Hammer Lebewohl zu sagen |
| Stimme:    | Hört HA..... wie Herr..... |
| Alle:      | Wie Hammer..... wie Er..... |
| HA:        | Möchte die Zange also doch noch zu sich finden |
|            | möchte die Zeit also doch noch ihres Raumes gewahr werden |
|            | wie könnte ich einem solchermaßen Lebewohl |
|            | nicht wohl gesonnen sein |
|            | ich bin doch nicht euer |
|            | und ihr nicht mein |
| Stimme.    | Hört ZET..... wie Zeit |
| Alle:      | Wie Zange..... wie Kleid..... |
| ZET:       | Monumental – die Irrtümer thronen |
|            | Monumental - die Irrtümer wohnen |
|            | Monumental |
|            | Phänomenal |
|            | Ich werde sie fassen, sie ziehen, sie halten |
|            | sie sollen für alle Zeiten erkalten |
|            | ich werde sie öffnen, sie trennen, sie teilen |
|            | und ihnen für alle Zeiten enteilen |
| Stimme:    | Hört HA..... wie Herr..... |
| Alle:      | Wie Hammer..... wie Er..... |
| HA:        | Die Werke der Zange |
|            | sie sind für den Hammer tabu |
|            | es muß schon die Zange |
|            | es muß schon die Zeit |
|            | mit sich selber ringen |
|            | damit Schein wird |
|            | von neuen Dingen |
|            | endlich |
|            | oder im Nu |

Die Bühne wird langsam angedunkelt, es wird leise, lautlos still.

Ende von Handlungsteil 2, zweite Szene.

Handlungsteil 2

Dritte Szene

Auf einer großen Schaukel sitzend, die sich von oben herab senkt und dem Rubikon ziemlich nahe kommt, folgt ein weiterer Auftritt des Zufalls. Der Zufall macht energische Armbewegungen nach allen Seiten hin, mit jeder Armbewegung wird es heller.

Zufall:  Hammer und Zange in Ehren.
Ich gönn sie euch –
will sie euch niemals verwehren.
Mein Handwerkszeug hingegen –
wenn auch nicht immer
aber doch zu allermeist –
ist das Spiel,
der spielerische Geist

Doch indes –
zum Weinen ist`s
und sehr wohl auch zum Lachen
man mag mich nicht
den Garaus will man mir machen.

Ich werde ausgeschwitzt –
bin abgeblitzt
und in des Gedenkens Stelen
nicht mehr eingeritzt
Wie hör` ich es tagtäglich?
Wie dringt es an mein Ohr – unsäglich?

Menschen:  Nur nichts dem Zufall überlassen,
wir müssen prüfen, messen, wiegen
wollen alles fassen
Der Zufall –
er soll nicht mehr walten
wir wollen ihn aus.....
aus – aus – aus .....
woll`n wir ihn schalten

Nichts darf – nichts soll ihm bleiben
wir wollens nicht zufällig
wir wollens eigenverantwortlich
treiben
Es gibt nur eine Gefahr!
Zufall!

Ja!

                Zufall - Unfall
                Unfall – Abfall
                Abfall – Sündenfall
                Zufall – Abfall
                Zufall – Sündenfall

**Zufall:** Oh ja – plant mich weg, planiert mich weg.
Doch – ich der Zufall –
des Planes Tücke
des Planes Lücke
war immer auch des Planes Glanz
doch jetzt soll ich weg
für immer
und für ganz

**Menschen:** Wir wollen in die Weite gehn
wir wollen in die Breite gehen
wollen in Höhen und Tiefen sehn
wollen uns immerdar
nur noch nach unseren Plänen drehn
das heimatlose Morgen
wir werden es besitzen
und in des Alls herrenloses Gut
unsere Besitzansprüche
einritzen

Unterdessen hat der Zufall seinen Schaukelsitz verlassen und geht auf die Menschen zu. Langsam, mürrisch und unwillig weicht die Menschenmenge vor dem Zufall zurück, so daß sich schließlich ein Halbkreis bildet. Inmitten des leeren Platzes hockt sich der Zufall hin. Bewegungslos, regungslos verharrt er dort eine Weile. Anstelle der Schaukel senken sich nunmehr Leinwandstreifen über den Rubikon herab. Auf diesen Streifen erscheinen Bilder des Entsetzens – Katastrophen, Kriege, Morde, Folter, Armut, Elend. Viele Menschen werfen sich auf die Erde, wollen die Bilder nicht sehen, andere schauen weg oder verdecken ihre Augen. Wieder andere unterhalten sich, gestikulieren, und verweisen – die Blicke von den Bildern abgewandt – mit zitternden Händen auf die Bilder.

**Zufall:** Ja – entsetzt euch
stürzt in die Verdrängnis
Ich – eine Bedrängnis?
oder gar ewiglich
lebens-, liebensunwertes Verhängnis?

Euer Entsetzen
es ist eurer geschundenen Angst
legitimes Kind
so muß ich denn
mit der Furien Wind

eure Werke auf euch hetzen
auf euch hier
auf alle hier

die da
da –da – da
und doch nicht sind

da steht es nun vor euch
das heimatlose Morgen
oh ja ihr möchtet kaufen
könnt aber doch nur borgen

In die Weite wollt ihr gehen
und in die Breite
mit wem den anders
als mit mir an der Seite?

Ihr wolltet euch sonst
auf ewig verlaufen
wolltet euch an die fernsten
aller fernen Himmel verkaufen
wolltet euch wider und wieder
im Kreise drehn
und doch nicht einen Schritt
vorwärts gehen

Doch.....
Ich will euch nicht im Wege sein
lasse euch zufallsfrei
in jede beplante Sackgasse hinein
ununterbrochen sollt ihr siegen
und nur noch euren eigenen Treffern unterliegen
und geht zu Fall
euer All
so wird man lesen
euer selbst gewählter Zufall sei´s gewesen
Logos aus Chips und Synapsen
ein Blindenstab um im dunkeln zu tapsen

Die Leinwand verschwindet und an ihrer Stelle erscheint eine überdimensionale Taschenuhr. Auf der Uhr befinden sich Stunden-, Monats- und Jahresangaben. Die Uhr tickt laut. Die Sekundenanzeige läuft in Form einer sich auf und ab bewegenden Schaukel unterhalb der Uhr. Auf dieser Sekundenschaukel befinden sich weitere Uhren, die nach und nach in den Rubikon fallen. Die Menschen an den Rändern des Halbkreises versuchen, die in den Rubikon gefallenen Uhren zu ergattern. Doch alles, was sie an Land ziehen können sind Zeitläufe – endlose Streifen (analog den Leinwandstreifen) auf denen sich angfänglich Jahres-, Monats- und Stundendaten befinden, schließlich nur noch Nullen erscheinen und zum Schluß nur noch Löcher. Auf dem zuletzt herausgezogenen Streifen steht geschrieben
- EPOS  IN  NULL. Der Streifen reicht über den gesamten Halbkreis und wird von den Menschen mit ausgestreckten Armen hochgehalten. Der Zufall spricht sein Epos in Null.

| | |
|---|---|
| Zufall: | Sah einst mich in mir selbst allein |
| | sah einst mich in mir selbst zu zwei`n |
| | sah einst mich auseinandergeh`n |
| | sah einst mich irrend nicht verstehe`n |
| | |
| | Wechsel die Sonnen |
| | wechsel das Kleid |
| | fühle die Wonnen |
| | fühle die Zeit |
| | hör in der Nacht Lichter verweh`n |
| | hör` in der Nacht Bindung vergeh`n |

Der Zufall verlässt den Platz und nimmt auf der Sekundenschaukel Platz. Die Stimme meldet sich wieder zu Wort.

| | |
|---|---|
| Die Stimme: | Alles ist nah |
| | alles ist weit |
| | alles ist Liebe |
| | alles ist Zeit |
| | alles ist Werden |
| | alles ist Sein |
| | alles ist euer |
| | und alles ist mein |

Der Zufall wirft große und kleine rote Papierherzen von der Schaukel herab. Die Menschen greifen nach den Herzen. Einige haben den Mut und betreten den Rubikon um sich von dort ein Herz zu holen. verzückt kommen sie aus dem Rubikon zurück, das Herz fest an sich gedrückt. Dazu singt der Kniff folgendes Lied:

> Auf allen meinen Wegen
> find ich ein Stück von dir
> auf allen meinen Wegen
> bin ich ganz nah bei dir
> wo immer ich auch gehe
> wo immer ich auch steh
> du bist in meiner Näh

Der im Frack und der in Lumpen treten an den Bühnenrand:

| | |
|---|---|
| Der im Frack: | Liebe kann man nicht begreifen |
| | zauberhaft und rätselgleich |
| | schlingt sie wundersame Schleifen |
| | fängt uns ein in ihrem Reich |
| | |
| Der in Lumpen: | Will auf eignen Wegen gehen |
| | scheint als ob es Zufall nur |
| | kommt die Herzen zu verwehen |
| | plötzlich in des Glückes Spur |
| | |
| Alle: | unerwartet, überraschend |

Liebe, Hoffnung, zartes Sehnen,
unerwartet, überraschend des Glück`s, des Leid`s
des Schmerzes und der Freude Tränen

Ende des Handlungsteiles 2

Handlungsteil 3

Erste Szene

Diagonal die Bühne überquerend, ein Schienenstrang. Auf dem Schienenstrang ein Personenwaggon, vollbesetzt mit Menschen. Die Räder des Personenwagens drehen sich, weil sich die Scheinen bewegen ( ganz, ganz langsam ), so daß der Waggon stets auf einer Stelle stehen bleibt.

Am Ende des Schienenstranges ein Schild mit „Bahnhof Tod", so wie verschiedenen Bahnsteigangaben. „Bahnsteig Ruhm", „ Bahnsteig Abenteuer", „Bahnsteig Liebe",
„Bahnsteig Wissen", „Bahnsteig Niederlage", „Bahnsteig Sieg", „Bahnsteig Erkenntnis". Gleichzeitig mit der Bewegung des Schienenstranges bewegt sich der Bahnhof in Richtung Personen-Waggon.

Es ist ein leises Rattern von Zugrädern zu vernehmen. In den Zugabteilen spielt sich ein pralles Leben ab. Arbeit, Liebe, Show, Gewalt. Essen und Trinken, Feiern, Singen, Luxus und Elend.
Die Zugabteile besitzen offene Seitenteile, so daß sie einsehbar sind.

Mehrere Priester so wie der in Lumpen und der im Frack kommen aus dem Waggon heraus, stellen sich hintereinander auf und meditieren laut:

| | |
|---|---|
| Ein Sprecher: | das Entfernteste Ziel<br>auf der Anzeigetafel des Lebens<br>heißt Halt, leuchtet rot |
| Alle: | Das Entfernteste Ziel<br>auf der Anzeigetafel des Lebens<br>heißt Tod.<br>Der Zeitpunkt nennt sich Sterben<br>Ankunft ist`s und nicht Verderben |
| Sprecher-<br>wechsel: | Nichts wissen wir – und doch auch wieder so viel<br>von jenem Zeitpunkt da und seinem Ziel<br>unweigerlich, unaufhaltsam, kommt er auf uns zu,<br>einzige Sicherheit unseres Lebens –<br>welch ein Clou<br>und ist kein Notausgang – kein Entweichen<br>der Bahnhof dort – er wird uns erreichen |
| Sprecher-<br>wechsel: | Gleichsam -<br>als würden Schienen<br>reckend sich und regend<br>belebend und bewegend<br>eines Zuges Räder in Drehung versetzen<br>ganz so als würden die Wellen den wind<br>und nicht der Wind die wellen setzen |

| | |
|---|---|
| Sprecher-<br>wechsel: | Gleichsam -<br>als würden die Schienen geh`n<br>und die Räder kreisend auf der Stelle steh`n<br>ganz so als würden die Wasser den Himmel heben<br>ganz so ist unser Leben |
| Alle: | Lebten wir – so wären wir – |
| Ein Sprecher: | Mehr als nur Jugend, Greis oder Kind |
| Alle: | Lebten wir – so wären wir – |
| Ein Sprecher: | Mehr als wir sind |
| Alle: | Eben –<br>wir meinen nur zu leben |
| Sprecher-<br>wechsel: | Nur weil wir seh`n wie sich des Zuges Räder dreh`n<br>und weil sie`s tun seit tausenden von Jahren<br>meinen wir zu fahren |
| Sprecher-<br>wechsel: | Indes bewegt sich – die ganze liebe lange Zeit entlang<br>nichts andres als der Schienenstrang<br>Wir meinen zu leben<br>wir erleben die Zeit<br>indes lebt nur unsere Unwissenheit. |
| Sprecher-<br>wechsel: | Wir meinen zu leben- wir dummen Kälber<br>und erleben doch nur<br>immer uns selber |
| Alle: | Wie immer auch die Vaterschaft eines Zwischenziels<br>Wir sind nur Unbewegte, Stehende<br>Komparsen eines Gauklerspiels |
| Ein Sprecher: | Wir – die Bahnhöfe erreichen?<br>Wir – in der Lage, der Ewigkeit die Hand zu reichen?<br>Oder gar Gott, Erkenntnis und auch noch den Tod?<br>Ach Mensch du –<br>mit dir hat`s schon seine liebe Not |
| Alle: | Langsam, gemächlich, zögerlich hin und wieder<br>zeitlich unbesonnen<br>doch manchmal auch im Nu<br>kommen Gott, Erkenntnis und der Tod<br>und alle Bahnhöfe der Ewigkeit auf uns zu |

Es folgt ein leichtes Licht- Flackern, sowie ein undefinierbares Grummeln, abgeschlossen von diskantischen Tönen. Danach ertönt die Stimme.

| | |
|---|---|
| Stimme: | Doch wollt ihr nicht des Wartens Brüder sein<br>schmückt Euch selbst mit des Todes Schein<br>gebt nicht der Geduld<br>Eure schwesterliche Huld<br>verlasst vorzeitig Euer Abteil |

gebt Euch auf dem Markt des Wahnsinns feil
räumt vor der Zeit Euren Platz
vergeudet, verschleudert,
der Truhe anvertrauten Schatz
So Ihr denn spielt selber Bahnhof und Ziel
im blinden Übermut
gleich wie schlecht oder gleich wie gut
so Ihr denn spielt selber Bahnhof und oder ziel
dann –
dann bleibt Euch nicht viel

Denn unantastbar
frei von jedem Wahn
ziehen die Schienen ihre Bahn
erst auf dem Bahnhof Tod
beginnt und endet das Sterben
erst auf dem Bahnhof Tod
beginnt und endet das Erben
erst auf dem Bahnhof Tod
ist die Fahrt zu Ende
erst auf dem Bahnhof Tod
reicht Euch die Ewigkeit die Hände

Der in Lumpen tritt vor, bleibt stehen, spricht voller Verzweifelung und mit letzter Kühnheit zur Stimme:

Der in Lumpen:    Und was ist wenn ich nicht mehr will
wenn in mir Frost, wenn in mir alles klirrend still
wenn abgeblitzt und ausgeschwitzt
wenn hier das Messer in meiner Hand
bringt mich in Dein Todesland
Mögen Deine Züge kommen auch und fahren
lieber stürz ich mich in meinen leeren
als in Deinen hehren – Wahn
lieber von mir aus tot
als weiterhin Dein steiniges Brot
Hier – das Messer in meiner hand
und schon gleich wohnen wir Wand an Wand

Der in Lumpen sticht sich das Messer in die Brust, bleibt tot liegen. Spotlight auf den toten, das im Rhythmus der Worte der stimme schwankt

Stimme:    Vor dem Tod kannst tot sein du doch nur
es kann nicht das Schlagwerk tönen
zu jedem Pendelschlag einer Uhr
was du jetzt bist
du hast es dir selbst erworben
tot bist du
aber nicht gestorben
so mußt du denn

> gleich and`ren kühnen Narren
> verharren
> mußt warten Zcit um Zeit
> in deinem Garten der Heimatlosigkeit

Inzwischen ist „ Der in Lumpen" aufgestanden. seine Lumpen bleiben als symbolische Leiche liegen. Er trägt ein graues Gewand, ist etwas verwundert und desorientiert, er geht auf die anderen zu, wird aber wahrgenommen. Er sieht seine Kleidungsstücke liegen und die Blutlache, ihm wird bewußt, daß er nicht mehr unter den Lebenden weilt. Langsam geht er in das Friedhofsabteil des Zuges.

Der im Frack:   Er – ein kühner Narr
die offene Hand des immerwährenden Nehmens
Er – ein kühner Narr
Er – die andere Seitze eines Seins, meines Lebens
wie immer auch es da drüben sei
er ist frei – er ist frei
ich möchte ihm folgen
Ja – auch ich möchte weg
raus aus diesem Lebensdreck
weg von allen hier
die nie was andres waren
als immer nur Barbaren
(das Lied vom Totsein)

Der im Frack nimmt das Messer an sich und will zustechen. Hält aber inne, als langsam und eindringlich erneut die Stimme ertönt.

Die Stimme.    Dein Leben
so hör ich`s eben
kein Gewinn, kein Sinn
du willst es dir verderben
du willst es nicht beerben
willst einem andr `en
deine Zeit nun überlassen
der soll an deiner Stelle nun
deinen Lebensrest verprassen

Ja - sucht ihn
Euren Himmel voller Geigen
ich kann ihn euch nicht zeigen
ich weiß nur von einer Wende
von einer Wende des Seins
von einem Ende des Scheins

Besäße der Tod einen Raum
wo bliebe da Himmel
wo auch nur ein einz`ger Baum
Tod ist Wechsel – ist Wende
weder Dimension noch irgent eines Anfangs Ende
Nein!
Und schon gar nicht des Vergessens ewigliche Pein!

> Der Tod ist – für und für
> eine Tür
> ein Bahnhof, ein Ankommenssteg
> ein kurzer, heller Weg
> ein Steg
> und nach ihm – früher oder später
> folgen weitere Bahnkilometer

Inzwischen haben die Priester den in Lumpen in Friedhofsabteil beerdigt (seine als symbolische Leiche hinterlassenen Kleidungsstücke). Der im Frack geht, nachdem die Stimme geendet hat, gleichfalls ins Friedhofsabteil und legt das Messer auf das Grab. Von dort aus spricht er.

Der im Frack:	Zweierlei Leben
und doch nicht des Lebens Zweierlei?
Einerlei Leben
und doch nicht des Lebens Einerlei?
Allerlei Leben
und doch nicht des Lebens Allerlei?
keinerlei Leben
und doch nicht des Lebens keinerlei
Ja- Nein – doch – Ja
plötzlich ist in dir was da
merkst die Wahrheit im Nein
Merkst die Wahrheit im Ja
plötzlich – eh du noch gedacht
bist du aufgewacht
plötzlich – eh du noch begriffen
ist in dir was abgeschliffen

| | |
|---|---|
| Er – da frei | ( weist auf das Grab ) |
| und ich hinterher | ( nimmt das Messer ) |
| Nein – ich will nicht mehr | ( stellt das Messer zurück) |
| will nehmen und geben | |
| will leben | |
| hier mein Frack | ( legt den Frack aufs Grab) |
| hier mein Zylinder | ( legt den Zylinder aufs Grab) |
| aaaaach..... | |
| entbehr ich endlich des Großtuns Lack | |
| bin fürderhin nicht mehr ein Blinder. | |

Der ehemals mit dem Frack geht in das Zugabteil. Feiert mit, liebt mit, lebt mit.

Ende Handlungsteil 3, erste Szene

Handlungsteil 3

Zweite Szene

Der Bahnhof Tod erreicht den Waggon. Hinter dem Schild "Bahnhof Tod" treten langsam die Todesengel hervor, sie bewegen sich stumm in Richtung Zugwaggon und betreten die vorderen Zugabteile wo sie einige der dort befindlichen Menschen berühren. Die von den Todesengeln berührten Menschen sinken zusammen, sie sterben. Von dem gestorbenen Menschen löst sich ein bis dahin unsichtbarer Lebens-Körper (die äußere Kleidung wird abgeworfen und symbolisch als Leiche hinterlassen). Der Lebenskörper des Verstorbenen geht alsdann Hand in Hand mit dem Engel zum Ausgang des Waggons. Außerhalb des Waggons erhält jeder Lebenskörper von den Todesengeln ein Bahnsteig-Schild und verharrt dort für eine Weile in einem trance-ähnlichen Zustand.

Unterdessen werden die Verstorbenen ( die hinterlassen Kleidung ) in dem Friedhofsabteil beerdigt. Wortfetzen wie „ Erde zu Erde", „ Asche zu Asche" sind zu hören – Schluchzen, Tränen, Gemurmel.

Nachdem sämtliche Todesengel das Zugabteil wieder verlassen haben, kommt Bewegung in die Lebenskörper der Verstorbenen. Sie sehen sich etwas ratlos um. Dann kommen Priester sowie die Lebenskörper anderer vordem Verstorbener auf sie zu – Umarmungen, Begrüßungen, Wiedererkennen, Tränen, Freude. Gemeinsam gehen sie dann zu den entsprechenden Bahnsteigen (in Form von Richtungsweisern). Von den Richtungsweisern ausgehen sie in ein gleißendes Licht hinein, welches hinter dem Bahnhofsschild aufleuchtet.

Das gesamte Geschehen wird untermalt, begleitet, von dem gesummten Choral „ Die Himmel rühmen....." ( keine Instrumente)

Einige der Todesengel treten nach vorn und sprechen abwechselnd:

Soloengel: Wer Schritte macht –
kommt weiter

Engelchor: Und weiter ist überall
hier und da
und da und da
und da

(verweisen in die verschiedenen Himmelsrichtungen und in Richtung Publikum)

Soloengel: Wer Schritte macht bewegt sich#

Engelchor: Regt sich

Soloengel: Bewegung ist erleben
Bewegung ist das Leben

Engelchor: Leben! ( kleine Pause)

Soloengel: Leben –

| | |
|---|---|
| Engelchor: | Schreitende Entfaltung<br>spielerischer Weg<br>göttlicher Steg<br>nach überall hin<br>von überall her<br>rätselhaft leicht<br>und rätselhaft schwer |
| Soloengel: | Kein Vorwärts treibt das Leben<br>kein aufwärts, abwärts, seitwärts<br>und schon gar nicht ein zurück<br>Das Leben kennt nur Richtungen<br>sie sind des Lebens Glück<br>doch kann des Lebens Folgsamkeit<br>auf Dauer nicht<br>in getroffner Richtung<br>streng verweilen<br>es würden ihr sonst Phantasie<br>und Daseinsfreude – |
| Engelchor: | matt – |
| Soloengel: | und glatt – |

Die verschiedenen Erscheinungsformen des Zufalls betreten zusammen mit dem Geheimnis – dem Kniff – die Bühne und mischen sich unter die Lebensengel.

| | |
|---|---|
| Soloengel: | So wollen wir es denn<br>dabei bewenden lassen<br>wollen für heut nun enden lassen<br>unser den Menschen so angstvolles Mühen<br>sehen erst hier ihr neues Erblühen<br>merken nicht in ihrer Lebenswelt<br>was sie blindmachend treibt und hält |
| Engelchor: | wir wollen ge`hn<br>wollen se`hn<br>weit wie breit<br>des Hierseins unvergängliche Wunderlichkeit |

Bis auf einen verlassen sämtliche Engelwesen die Bühne.

| | |
|---|---|
| Soloengel: | hier der Zufall<br>und dort des Logos Riff<br>das Geheimnis – der Kniff<br>und aus beiden – |
| Zufall + Kniff: | Und wo ist wer<br>der es vermöchte<br>ein solches beenden zu lassen? |

| | |
|---|---|
| Soloengel: | Aus beiden |
| | baut das Leben |
| | seine stets neuen, wundersamen Gassen |

Der ehemals im Frack tritt aus dem Abteil heraus, gefolgt von einigen der von den Todesengeln verschonten Zuginsassen. Die inzwischen zurückgekehrten Priester wollen die das Zugabteil verlassenden Personen nicht aus dem Abteil herauslassen. Fordern diese auf, wieder ins Abteil zurückzugehen und versuchen die Menschen zurückzudrängen, gestikulieren wild, Wortfetzen fallen – „ Verbotenes Terrain", „Tod", „Gefahr", „Glaube", „Gott", „ Kirche", etc. Der verbliebene Todesengel geht auf die Priester zu, sagt nichts, tut nichts, die Priester weichen zurück und lassen die Menschen durch. Der Engel verlässt die Bühne. Zufall und Kniff setzen sich in ein leeres Zugabteil. Einige Priester gehen ins Abteil, einige bleiben vor dem Abteil stehen und diskutieren aufgeregt miteinander. Die Menschen haben inzwischen einen Halbkreis gebildet. in der Mitte der ehemals mit dem Frack. Sie sprechen:

| | |
|---|---|
| Alle: | Der sinne Perspektive |
| | verbunden, gebunden |
| | an so manche irdische Direktive |
| | Ach du enges |
| | ach so enges Sinnenkleid |
| | suggerierst uns immer noch |
| | allein seligmachende Abbilder |
| | von Ewigkeit |

Hierbei sieht und weist der ehemals im Frack in Richtung der vor dem Waggon stehenden Priester.

| | |
|---|---|
| Alle: | wie wollen wir denn |
| | allein – |
| | in viel zu großen Fährten |
| | all unsere Wahrheiten |
| | erhärten? |
| Der ehemals im Frack: | Oh - |
| | kämen wir doch alle |
| | allesamt zu Hauff |
| | rieten uns zu neuen Riten |
| | und räumten endlich einmal auf |
| | unendlich viel gäb es zu tun |
| | um so Manch-Eins von Dem-Eins da |
| | einzusammeln und in Freuden abzutun |

Bei dem Stichwort „Mancheins" erscheinen Schlagworte. Entweder als Wortgerippe auf die Bühne fallend, teilweise oberhalb der Menschengruppe hängen bleiben und/oder als Projektionen und/oder von der Gruppe gesprochen. Die „ Mancheins" nennen sich beispielsweise Dogma, Ideologie, Fanatismus, Machtlust, Mißtrauen, Krieg etc. Als das große Mancheins erscheint eine „ Heilige Kuh" auf der Bühne.

| | |
|---|---|
| Der ehemals im Frack: | Fangen wir an |
| | Mensch für Mensch |
| | Frau für Frau |
| | Mann für Mann |

feiern wir ein Fest
nehmen wir dem da
Nistplatz wie Nest ( bei „dem da" Fingerzeig auf die „ Mancheins" )

Begeben wir uns –
angetan mit einer neuen Lust fürs Teilen –
unserer Vorlieben für`s Vor –
und Verurteilen

Doch wenn Einsicht uns nicht zu Eigen
gravitätisch stolzierend
weiter auf dem erdenrund uns zeigen
wir ohne Bedenken
und ohne ins Lot nun endlich einzulenken
alles Sollen überschreiten
alle Grenzen überreiten
süchtig ergeben des Irrtums Kuß
so steht sehr bald geschrieben
in ehernden Lettern
ein Wort nur
Schluß

Sind wir nicht Willens
in Zucht unser Sein neu zu gestalten
so werden wir uns beugen müssen
unseren selbst erschaffenen
gnadenlosen
Gewalten

Ende Handlungsteil 3, zweite Szene

Handlungsteil 3

Dritte Szene

Vor dem Beginn der Szene, d.h. vor dem noch geschlossenen Vorhang, wird der Zufall in einer Sänfte liegend, angetan mit einem Narrenkostüm, von den Kräften vor den Vorhang getragen. Im folgt, auf allen Vieren kriechend, der Kniff, angetan mit zwei Köpfen und koboldartig hin und her springend. Ernst und würdevoll wird vom Kniff angekündigt, daß er nunmehr zusammen mit dem Zufall ein Couplet vortragen werde – „Sacoli" geheißen. „Sacoli" als Abkürzung für „saukomisches Lied". Er – der zweiköpfig gewordene Kniff – werde die Verse singen und der Zufall den Refrain. Wer mitsingen möchte, könne dieses im übrigen gerne tun. Der Zufall hat inzwischen die Sänfte verlassen, nimmt neben dem Kniff Platz, weist auf ihn mit spitzen Fingern und spricht amüsiert die folgende Ankündigung:

Der Zufall:    es folgt sogleich
            schon werden mir die Knie ganz weich
            ein urtümlich Lied
            ein unnütz Glied
            ich wette
            in einer noch unnützeren Kette
            flieh Vernunft flieh
            vor diesem Sacoli

Der Kniff stampft laut mit beiden Beinen auf und singt den ersten Vers.

Der Kniff:    Mein linker Kopf wird böse
            mein rechter fällt in Wut
            hör ich nur das Getöse
            des Zufalls Übermut
            drum will von den zwei beiden ( weist auf seine Köpfe)
            ich allemal entgeh`n
            mich soll die Still kleiden
            will Pompöses nicht beseh`n

Der Zufall singt den Refrain

Der Kniff:    Die Welt ist eine Hur` nur
            voll Schrott `ne kleine Fuhr` nur
            mag sein auch voller Krekel
            regieren tut der Ekel
            wo sind die lichten Seiten
            wo des Liebreiz holde Zier
            nur abgetrag`ne Ewigkeiten
            und schlecht geword`ne Gier

Der Refrain

Ach Erde du, ach Erde du
er ist dir ganz verfallen
du kannst so unnachahmlich du
Bösewichtern gut gefallen
Ach Erde du, ach Erde du
mach dir nur keine Sorge
hör nur weiter seinen Worten zu
er wird's dir schon besorgen

Der Kniff nun ironisch, höhnisch in Richtung Zufall sprechend.

Der Kniff:  und nunmehr des Narren weise Worte
begehrlich klopfet das EIN-Ü
das des Einfalls-Überfall
an dieses Stückes lautere Pforte
höret denn sein dürftig Mä-Mä
es betöre euch des Zufalls
ewigliche Schmäh

Der Zufall geht auf den Kniff zu, stellt sich lässig vor ihm auf und kündigt an, daß er jetzt von des „Einfalls Überfall" sprechen werde, das EIN-Ö:

Der Zufall:  Wer –
Dame, Emanze oder Herr
wüsste mir die Wahrheit zu nennen
und wer – bittesehr
spräche mir vom Glück?
Doch nicht nur hier zu dieser Stund
in diesem Rund
nicht nur hier in diesem Stück.
Oh-nein – überall
ringsumher in diesem und auch jenem Lande
wohlan, erkühnt euch, sprechet
Menschenbande
Ihr schweiget
weil nicht gern vor euch
Wahrheit oder Glück sich zeiget?
also gebe denn Kunde –
ich – mit meinem Munde

Wahrheit und Glück?
So oft schon gab ich sie her
sie kamen immer wieder zurück
Die Behausungen die sie fanden
waren erbärmlich
waren hässlich – waren winzig klein
da wollten sie lieber meine-
Gefährten sein.

er da, der da, ich da- er schwadroniert?
Weil zukünftig er
von euch abgehalftert und einplaniert?

Ich bin de ew`gen Wesens ew`ger Schein
gewiß ja
spiel` ein wenig mit dem Wasser
und auch ein wenig mit dem Wein
weil fern mir ist
auf immer alles mögen
daß eherne Strukturen mein Tun durchzögen
will nicht wie ihr
dem Wahn zur Zier
mir selber fluchen
bin nicht versessen
in Verlorenheit
Vergessen zu suchen
will nicht tönen
ich könnte
getrieben von wund geriebenen Sinnen
mich selbst verfolgend
mir selbst entrinnen

Geh keinem an den Kragen
kann des Wagens Klagen nicht ertragen
und doch
bin ich nicht
eines vermuteten blinden Schicksals
aufgeblasener wicht
drum –
um keinen Hader bitt ich euch
um keinen Neid
es ist soweit
lasst uns seh`n
wie sonst auch noch
sich Menschenleben dreh`n

Der Zufall steigt wieder -  mit beiden Beinen zugleich – in die Sänfte ein. Ihm folgt der Kniff – auf allen Vieren. er sieht sich kauernd und lauernd in der Gegend um. dann sein Text:

Der Kniff:         Ja-ja-
ein Fuchs ist er, ein Luchs!
Könnt` sein er wird mal alle
fällt in seine eigene Zufalls-Bastel-Falle!
Ja-ja-
behutsam poliert er
aber eigentlich doch nur schlecht und recht
allerorten an seinen Worten
und das soll Wahrheit sein?
Ganz, ganz echt?

Ich spüre keinerlei Gewicht
weil –
sie stimmen nicht
seine Worte
sind Herbizide mit Sahne-Torte
bringen ohne Fragen
mich in Rage
mich in Zorn
sie stimmen nicht
weder irgentwie noch irgentwo
weder hinten weder vorn
Für mich ist eines gewiß
der Zufall –
er ist der Hinterlist wütendster Biß

Ja-ja-
also kommt sie jetzt
seine große Schau
Vergangenheits-, gegenwarts- und Zukunftsklau
Ziehet euch Toren
auf Emporen
des freien Falls
des zeitlosen Knalls

Hat je ein Geheimnis
er pflichtgemäß gehütet
nein
immer nur in fremden Revieren gewütet
wieder und wieder
und noch einmal
Erlebensqual

Er hat das Glück
ich die List
er die Wahrheit
und ich was übrig ist?
Wahrheit ist nackt
ohne Kleid
ein Akt von Selbstvergessenheit!
Dem Zufall die Laune
dem Rätsel das Los
so lautet die Wahrheit
Wahrheit stellt bloß

Ich klink mich jetzt aus
geh in mein Labyrinth
in mein –
nur mir gehöriges –
Rätselhaus

In einer Welt
wo Nacht ist am Tage
wo offen zu Tage
alles und jedes anzutreffen
wo Hunde anstelle des Mondes
Fertigkost ankleffen
da mag Schein sein
von wem da will
ich – der Geheimnisse Bleibe
bleibe gern einmal
eine Weile still

Beide verlassen die Bühne. Der Vorhang öffnet sich. Anfänglich Dämmerlicht. Kein Rubikon, kein Schienenstrang, keine Todessymbolik, keine Werke der Technik. Ein Raum der Weite, sparsame Ausstattung, weiß/gold. Keine Stühle, keine Tische, keine Uhr, lediglich ein Perpendikel. Ein großes Bild im Hintergrund – die Farben dauernd wechselnd – und abstandsgleich zum Bühnen-Hintergrund abfallend, eine Vielzahl runder weißer, unterschiedlich großer Glaskörper-Lampen.

Der Boden nicht glatt, sondern sanft hügelig gehalten. Nicht hart, sondern schaumstoffweich. In die Wände eingelassen ca. 20 Sitznischen, nicht nur in Bodennähe, sondern überall, über sämtliche Höhen verstreut. In jeder Sitznische ein Mensch, jeweils in einer bestimmten Farbe gekleidet (auch das Gesicht). Auf dem Schoß der Menschen keiner oder einer der folgenden Gegenstände aus Styropor bzw. Stoff: In Lebensgröße Hund, Katze, Vogel, Schlange, Pony. Außerdem Pferd, Auto, Boot, in gleicher Farbe wie die Kleidung. zwei bis drei Menschen haben eine lebensgroße Puppe auf ihrem Schoß (soll den Mitmenschen symbolisieren, Mitmenschlichkeit, Nächstenliebe). Jeder streichelt den auf seinem Schoß befindlichen Gegenstand.

Inmitten des Raumes ein Teufelsrad, d.h. eine gepolsterte goldene Scheibe von 3 m Durchmesser, hier aber Lebensrad genannt. Das Lebensrad dreht sich sehr bedächtig. Um das Lebensrad herum eine Vielzahl von Menschen. Großes Gejohle und Getümmel. Auf dem Lebensrad Soldaten stehend, salutierend, in den Uniformen verschiedene Nationen. Inmitten des Lebensrades eine Säule, die mit überdimensionalen Kriegsorden verschiedener Nationen geschmückt ist. Die Säule dreht sich entgegengesetzt der Richtung des Lebensrades.

Eine Sirene ertönt. Es wird still – Totenstille......... Das Licht wird abgedunkelt. Es knallt, blitzt, donnert, Rauch und Feuerschein, der Tritt von Soldatenstiefeln ist hörbar, Heulen von Bomben, Granateneinschläge, Schreie. Nach den letzten Tönen der Sirene bleibt es für eine Weile gespenstisch still. Langsam wird wieder Licht. Auf dem Lebensrad nur noch Uniformen, Gewehre, Granaten, Kreuze, sowie einige der von der Mittelsäule herunter gefallenen überdimensionalen Orden. In einigen Wandnischen keine Menschen, sondern riesige Holzbretter, an denen kleinere Holzbretter hängen. Einige der in den Wandnischen sitzenden Menschen versuchen sich diese Holzbretter vor den Kopf zu nageln.

Von allen Seiten herkommend die Kräfte – sämtlichst in Nadelstreifen-Mode – zwängen sich zwischen die Menschen hindurch und beginnen das Lebensrad abzuräumen, an die mittlere Säule bringen sie überdimensionale Geldscheine an. Gleichzeitig werden auf dem Hintergrundbild – erst noch sehr zaghaft – Werbespots eingeblendet (Großformat). Wieder anschwellendes Gemurmel, verhaltene Freudenkundgebungen, hier und da ein Lachen.

Nachdem das Lebensrad abgeräumt wurde, ertönt der Walzer „An der schönen blauen Donau". Zögernd fangen die Menschen an zu tanzen, allein und zu Paaren, auf der Bühne und von der Bühne herab in den Zuschauerraum hinein, wo auch die Zuschauer animiert werden, mitzutanzen.

Man sieht die Kräfte, wie sie die Menschen energisch auffordern, auf dem Lebensrad Platz zu nehmen. Wer bereit ist, auf das Lebensrad aufzuspringen, erhält von den Kräften einen weißen ordensgeschmückten Bademantel. Immer mehr Menschen springen auf das sich nach wie vor langsam drehende Lebensrad. Nachdem der Walzer verklungen, gehen die Tänzer auf die Bühne zurück. Das Lebensrad ist inzwischen voll besetzt. Es dreht sich etwas schneller, sodaß sich alle aneinander fest halten müssen. Großes Gejohle und Freudenschreie. Das Lebensrad wird schneller. Von oben herab- mehrere der Lichtkuppeln öffnen sich - regnet es Zeitungen, Zeitschriften und andere Publikationen auf die Menschen herab. Alle greifen danach – den Lebensrad-Fahrern fällt es indes sehr schwer, denn greifen sie danach, besteht die Gefahr, daß sie vom Rad herunter getrieben werden und auch noch andere mitreißen.

Wer eine Publikation erwischt, ruft die Schlagzeile laut aus (es sollten die Schlagzeilen der letzten 10 Jahre sein, ca. 20-30 Ausrufe).
Nach jeder Schlagzeile nicken und klatschen die rechts unten und links oben in den Nischen sitzenden Menschen, während die rechts oben und links unten den Kopf schütteln und heftig auf ihre Schoß-Utensilien einreden (Linksrechts-Angaben aus Zuschauersicht). Einige werfen ihre Utensilien zornig weg und verlassen die Nische. In der frei gewordenen Nische erscheinen TV-Projektionen zeitgleicher TV-Sendungen.

Auf das Lebensrad, das nun anhält, senken sich überdimensionale Ferngläser an dicken Seilen herab. Die Lebensradfahrer klinken die Ferngläser von den Seilen ab, die aber über deren Köpfen hängen bleiben. Keiner weiß mit dem Fernglas etwas anzufangen. Alle gucken damit dumm in der Gegend rum. Das Lebensrad leert sich. Alle Menschen stehen mit den Ferngläsern herum und schauen ratlos in alle Himmelsrichtungen. Inzwischen wird die Mittelsäule von den Kräften als Pyramide verkleidet.

Musik von Richard Strauß ertönt: „ Also sprach Zarathustra". Das Lebensrad dreht sich und erhebt sich (an der Mittelsäule – die mit nach oben geht). Es entsteht der Eindruck eines UFOs. An der Unterseite des Lebensrades die Aufschrift „Der König von Argentinien". Das Lebensrad geht schräg nach hinten weg. Das Licht dunkelt ab. Das Hintergrundbild verschwindet, Weltraum wird sichtbar. Ganz hinten im Weltraum die Gestalt des Zufall, in der Hand ein Plakat mit der Aufschrift "Die Geheimnisse sind gelüftet". Aus dem Bühnenboden – dort wo sich vorher das Lebensrad befand, kommen nun – analog zum ersten Handlungsteil – wieder Menschen hervor. Es sind dies die Priester, der ehemals im Frack sowie viele Graugekleidete – die Toten, die noch nicht gestorbenen. Unter ihnen auch der Kniff, den Priestern ins Ohr flüsternd.

Eine kurze Orgel-Sequenz – unterbrochen von heftigen Fanfaren-Stößen - ertönt, danach die Stimme:

| | |
|---|---|
| Die Stimme: | Happy Birthday sagte das Schaf..... und fraß den großen Bruder. |
| Alle: | Happy Birthday sagte das Schaf..... und fraß den großen Bruder. |

Erneut Orgel-Sequenz und Fanfaren. Danach der ehemals im Frack:

Der ehemals im Frack:   Doch damit ihr`s wißt
                              es ist die List
                              vergangen nicht
                              oder gar zerstoben
                              hat sich nur neu verwoben
                              mit jungfräulichem schein
                              ist zart mal wieder
                              niedlich und klein
                              und wird –
                              wenn einstmals wieder sie selbst geworden
                              erneut versuchen
                              eure Sinne zu morden
                              Heimsuchung ist ihr Ziel
                              Irren und Verwirren ihr einzig Spiel
                              drum seid auf der Hut
                              es kostet euch nur Denken
                              nehmt euch diesen Mut

Der Vorhang schließt sich (wieder in Form der Vorhang-Streifen wie zu Beginn von Handlungsteil 1). Auf dem Vorhang wird zum Abschluss des Stücks der zuletzt gesprochene Text der Stimme sichtbar: „Happy Birthday sagte das Schaf – und fraß den Großen Bruder, gez. Der König von Argentinien". Leise Töne zum Ausklang.


Ende des Stücks.


    Danksagung

    Ich danke meiner Ehefrau Svenja für Ihren unermüdlichen liebevollen Einsatz bei der
    Erstellung dieses Buches. Ihren Sachverstand wußte ich stets zu schätzen.

Ebenso danke ich den Mitarbeitern/Mitarbeiterinnen des BOD Verlages, die mir mit beeindruckender Höflichkeit und Kompetenz bei der Veröffentlichung meines Buches zur Seite standen.
Der Autor, Wilhelm G.A. Diercks, Jahrgang 1932, geboren in Walsrode ist von Beruf Kaufmann in späterer Ausbildung zum System Analytiker ( Programmierer und Organisator) und war dann jahrelang bei einem großen Industrieunternehmen angestellt.
Er hat in Berlin und Schleswig Holstein (alleine 20 Jahre in Flensburg) gelebt.
Seit 2008 lebt er mit seiner Ehefrau Svenja Hübner-Diercks im thüringischen Eichsfeld.

Er deckt ein vielseitiges künstlerisches Spektrum ab, als:

* Komponist

*Maler von ca 200 Unikaten


* Autor von 8 Büchern, die nach und nach bei BOD erscheinen werden ,

auf MENTALE VERSATZSTÜCKE oder DER KÖNIG VON ARGENTINIEN

folgt demnächst eine weitere Überraschung des Autors

voraus gingen:


1. **TERRA PLANET DER ABENTEURER**

2. **MR. MELLERBOOK - Portrait einer Kunstfigur**

3. **WELLENTHEATER - gesellschaftspolitische Leselandschaft**

4. **DROHEND LIEGT DER FRIEDE ÜBER DER ERDE**

5. **DASLAND - retrospektive Prophetie**

6. **ARS FUTURA – kunstpolitische Leselandschaft**


von der Frau des Autors Svenja Hübner-Diercks ist erschienen

MIT ROHKOST FIT UND GESUND

**Impressum**
Herstellung und Verlag:
BoD-Books on Demand, Norderstedt
ISBN: 978-3-7357-3722-9